초판 1쇄 인쇄 2025년 11월 17일
초판 1쇄 발행 2025년 11월 24일

글 이주윤 그림 하민석

펴낸이 김선식
펴낸곳 다산북스

부사장 김은영
어린이사업부총괄이사 이유남
책임기획 류지민 **책임편집** 류지민 **디자인** bjudesign **책임마케터** 김희연
어린이콘텐츠사업2팀장 이지양 **어린이콘텐츠사업2팀** 이정아 류지민 박민아
어린이마케팅본부장 최민용 **어린이마케팅1팀** 안호성 이예주 김희연 **기획마케팅팀** 류승은 박상준
저작권팀 성민경 이슬 윤제희 **편집관리팀** 조세현 김호주 백설희
재무관리팀 하미선 임혜정 이슬기 김주영 오지수
인사총무팀 강미숙 김혜진 이정환 황종원
제작관리팀 이소현 김소영 김진경 유미애 이지우 황인우
물류관리팀 김형기 김선진 주정훈 양문현 채원석 박재연 이준희 문명식

출판등록 2005년 12월 23일 제313-2005-00277호
주소 경기도 파주시 회동길 490 **전화** 02-704-1724 **팩스** 02-703-2219
다산어린이 카페 cafe.naver.com/dasankids **다산어린이 블로그** blog.naver.com/stdasan
용지 신승INC **인쇄 및 제본** 상지사 **코팅 및 후가공** 제이오엘앤피

ISBN 979-11-306-7324-0
       979-11-306-7334-9 (set)

+ 책값은 표지 뒤쪽에 있습니다.
+ 파본은 본사와 구입하신 서점에서 교환해 드립니다.
+ 이 책은 저작권법에 의하여 보호를 받는 저작물이므로 무단 전재와 복제를 금합니다.

작가의 말

'맞춤법'으로 백성을 엄하게 다스리는 마추미오 왕국에서 태어나, 맞춤법을 몰라 억울하게 처형 당한 한 아이로부터 시작된 이야기

안녕하세요,《틀린 맞춤법 해결사 아라따》의 지은이 이주윤 작가입니다.

여러분은 친구에게 문자 메시지를 보냈다가 잘못된 맞춤법 때문에 놀림 당했던 적 있나요? 선생님께 숙제를 제출했는데 틀린 맞춤법 때문에 지적 받았던 적은요?

"난 그런 적 없어!" 하고 자신만만하게 이야기하는 친구도 있을 테지만, 그런 친구마저도 맞춤법을 공부하려고만 하면 하품이 났던 적은 있을 거예요. 그렇다면 이 책을 잘 선택했어요. 흥미진진한 이야기가 담긴 만화를 통해 맞춤법을 재미있게 익힐 수 있거든요.

여러분 중에 누군가는 골치 아픈 맞춤법을 왜 공부해야 하냐고 의문을 가질 수도 있어요. 하지만 맞춤법도 엄연한 '법'이고, 모두가 지키기로 한 약속이니 어겨서는 안 되겠지요? 만일 틀린 맞춤법을 마음대로 쓴다면 뜻하는 바를 제대로 전할 수 없음은 물론, 주변 사람들에게 신뢰를 잃을 수도 있어요. 게다가 곤란한 상황에까지 처할 수 있답니다. 이 책에 등장하는 '모르오'처럼 말이에요.

모르오는 어렸을 적부터 부모님의 장사를 돕느라 학교에 다니지 못했고,

맞춤법을 제대로 공부하지 못했어요. 한마디로 '맞춤법 파괴자'라 할 수 있지요. 그러던 어느 날, 틀린 맞춤법으로 큰 오해를 받게 되어 억울하게 처형을 당하는데요. 하늘은 그런 모르오를 불쌍히 여겨 새 삶을 살 수 있는 기회를 주지요. 다름 아닌, 맞춤법을 엄격하게 지키는 마추미오 왕국의 왕자 '아라따'로 환생하게 된답니다.

　하지만 왕실에서의 행복한 나날은 그리 오래 가지 못했어요. 자신의 전생을 우연히 알게 된 아라따가 정체성에 혼란을 느껴 출가를 선언했기 때문이지요. 그렇게 떠난 여정에서 아라따는 여러 사람을 만나게 되는데요. 그들이 사용하는 틀린 맞춤법을 바로잡으며 마추미오 왕국의 진정한 왕자로 거듭나게 된답니다.

　좌충우돌하는 아라따의 모험을 따라가다 보면 여러분도 맞춤법을 재미있게 배울 수 있을 거예요. 한번에 모든 맞춤법을 익히지 못해도 괜찮아요. 반복해서 읽다 보면 바른 맞춤법이 자연스레 익혀질 테니까요. 책 한 권을 어떻게 여러 번 읽느냐고요? 아라따의 모험이 너무 흥미로워서 책을 다 보자마자 다시 한번 여정을 시작하고 싶어질걸요? 제 말이 진짜인지 아닌지, 책장을 넘겨 서 확인해 보세요!

마추미오 왕국의 창조주
이주윤

차 례

프롤로그 **아라따의 출가** ································· 10

1장 **혼돈의 자기소개** ································· 14
일상에서 틀리면 창피한 맞춤법 5
에요vs예요 / 월래vs원래 / 저가vs제가 / 죠vs줘 / 구지vs굳이
기기괴괴 맞춤법 1 귀신이 고칼로리?

2장 **된소리 대소동** ································· 28
소리 나는 대로 쓰면 틀린 맞춤법 5
할께vs할게 / 땡기다vs당기다 / 눈꼽vs눈곱 / 시끌벅쩍vs시끌벅적 / 쑥맥vs숙맥
기기괴괴 맞춤법 2 소 잃고 뇌 약간 고친다?

3장 **시간을 넘나드는 맞춤법 여행** ················· 42
그때는 맞고 지금은 틀린 맞춤법 5
마추다vs맞추다 / 천정vs천장 / 강남콩vs강낭콩 / 무우vs무 / 설겆이vs설거지
기기괴괴 맞춤법 3 일해라 절해라?

4장 **줄일 거면 딱 맞게** ······························ 56
부모님도 틀리는, 잘못 줄어든 맞춤법 5
예기vs얘기 / 사겼다vs사귀었다 / 웬지vs왠지 / 어따 대고vs얻다 대고 / 얼만큼vs얼마큼
기기괴괴 맞춤법 4 선희의 거짓말?

5장 **안나와의 어긋난 첫 데이트** ···················· 70
약속 파투 내기 딱 좋은 틀린 맞춤법 5
금일vs금요일 / 육월vs유월 / 몇일vs며칠 / 제작년vs재작년 / 4일vs사흘
기기괴괴 맞춤법 5 인생의 발여자?

6장 낄 때 끼고 빠질 때 빠져야지 · 84
'사이시옷' 기술을 썼는데도 틀리는 맞춤법 5
햇님vs해님 / 존대말vs존댓말 / 예삿말vs예사말 / 뒷꿈치vs뒤꿈치 / 회수vs횟수

기기괴괴 맞춤법 6 일치얼짱?

7장 너 ㅜ야? · 98
일상에서 쓰면 틀리는 시적 허용 5
발자욱vs발자국 / 하이얀vs하얀 / 거칠은vs거친 / 바램vs바람 / 니가vs네가

기기괴괴 맞춤법 7 명예회손?

8장 산산조각 난 그르다 마을 · 112
접미사를 틀리게 쓴 맞춤법 5
차돌배기vs차돌박이 / 멋장이vs멋쟁이 / 사냥군vs사냥꾼 / 통채vs통째 / 새침떼기vs새침데기

기기괴괴 맞춤법 8 덮집회의?

9장 기본이 중요해 · 126
기본형을 잘못 알아 틀리는 맞춤법 5
추스리다vs추스르다 / 잊혀지다vs잊히다 / 잠구다vs잠그다 / 돼다vs되다 / 불다vs붇다

기기괴괴 맞춤법 9 골이따분?

10장 회자정리 거자필반 · 140
안 쓰느니만 못한 틀린 사자성어 5
동거동락vs동고동락 / 언감생신vs언감생심 / 반신바니vs반신반의 / 주구장창vs주야장천 / 망고불변vs만고불변

기기괴괴 맞춤법 10 유종애미?

에필로그 아리따 VS 모르쥐 · 154

등장인물

아라따

마추미오 왕국의 늦둥이 왕자.
맞춤법 강박증을 지닌 깐깐한 성격이지만,
마음속 깊은 곳에는 말장난을 치고 싶은 욕구가
가득하다. 거기에는 다 그만한 이유가 있었으니,
아라따의 전생은 맞춤법 파괴왕이었던 것!

모르오

아라따의 전생.
집안 형편이 어려워 학교에 가지 못하고 부모님의
과일 장사를 돕는다. 그 결과, 맞춤법 파괴왕이 됐다.
기기괴괴한 맞춤법으로 사람들의 눈살을 찌푸려지게
하기 일쑤지만 장난기 가득하고 귀여운 모르오를
어찌 미워할 수 있을까?

지키셔스 국왕과 그마나셔 왕비

아라따 왕자의 아버지와 어머니.
국왕은 틀린 맞춤법으로 오해를 산, 무고한
백성을 처형했던 뼈아픈 실수를 반복하지
않기 위해 맞춤법에 강박적으로 집착한다.
왕비는 그런 국왕에게 살짝 질려버린 상태다.

예언가 케틀러
국왕에게 무한한 신뢰를 받는 충신.
과거와 미래를 꿰뚫어 보는 능력을 지니고 있다.

그르다 어르신
그르다 마을의 장로이자 큰어른.
그르다 마을 사람 중 맞춤법을 잘 지키는 편이지만
옛날 말투를 구사한다.

안나
그르다 장로의 손녀.
그르다 마을에서 둘째가라면 서러운 맞춤법 무식자로
백치미가 철철 넘치는 왈가닥 소녀.

기타 마을 사람들

수선집 아주머니 **꼬매랑**   수선집 아들 **자르당**   요가 선생님 **요기**   시인 **시쓰리**

* 남아일언중천금(男兒一言重千金): '남자의 한 마디 말이 천금처럼 무겁다' 라는 뜻으로, 말의 무게와 신중함, 약속의 중요성을 강조하는 고사성어.

* 이실직고(以實直告): '사실 그대로 고하다'라는 뜻을 가진 사자성어.

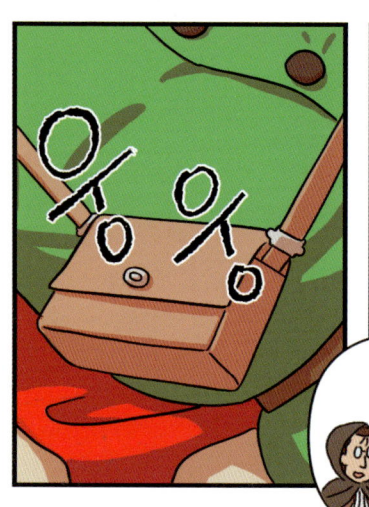

직접 따라 쓰며 올바른 표현을 익혀 보세요!

가방에 넣어둔 숙제가 없어지다니

귀신이 곡할 노릇이야.

이 작은 강아지가 그 많은 사료를 다

먹다니 귀신이 곡할 노릇이지.

자고 일어났더니 흔들리던 앞니가

사라졌지 뭐야! 귀신이 곡할 노릇이지?

알았다! 맞춤법 1
일상에서 틀리면 창피한 맞춤법, 좀 더 알아 볼까?

1 높히 vs 높이

'-하다'를 붙였을 때 말이 되지 않으면 '이'를 붙이면 돼. '높하다'는 말이 되지 않으니까 '이'를 붙여 '높이'라고 해야겠지? 단, '꿋꿋이·또렷이·깨끗이'처럼 '-하다'를 붙여 말이 되더라도 앞말의 받침이 'ㅅ'이면 '-이'를 붙여야 해.

예 : 하늘 높이 솟은 구름을 봐.

2 오랫만 vs 오랜만

어떤 일이 있고 나서 긴 시간이 지난 뒤'를 뜻하는 말은 '오래간만'이야. '오래간만'에서 '가'를 생략해 '오랜만'이라고 줄여 말할 수 있지. '매우 긴 시간 동안'을 뜻하는 '오랫동안'과 헷갈려 '오랫만'이라고 말하는 친구도 있지만 이는 잘못된 말이란다.

예 : 오랜만에 실력 발휘 좀 해볼까?

3 받아드리다 vs 받아들이다

'받아들이다'는 다른 사람의 의견을 옳다고 인정할 때 쓰는 말이야. [바다드리다]라고 발음되어 '받아드리다'라고 잘못 쓰는 친구도 있어. 하지만 '드리다'는 공손의 뜻을 더하는 말이니, 이 경우에는 어울리지 않겠지? '거둬들이다·불러들이다·잡아들이다'가 바른말이라는 것도 함께 알아 두자.

예 : 부모님의 충고를 받아들여야 바르게 자라날 수 있어.

4 희안하다 vs 희한하다

무언가가 매우 드물거나 신기할 때는 '희한하다'라는 말을 써. [히한하다]가 바른 발음이지만 [히안하다]로 잘못 말하는 사람이 많아. 그래서 '희안하다'라고 잘못 쓰는 일도 많지. 드물 희 稀, 드물 한쪽 자를 쓴다는 사실을 알면 더는 헷갈리지 않겠지?

예 : 간밤에 희한한 꿈을 꿨어.

5 하마트면 vs 하마터면

위험한 상황을 겨우 벗어났을 때 '하마터면 ○○할 뻔했다'라고 말하는 걸 들어본 적 있니? 우리말에서는 'ㅓ'와 'ㅡ'를 뒤섞어 말하는 일이 많아서 '하마트면'이라고 잘못 쓰는 경우도 많단다. '통틀어'를 '통털어'라고 잘못 쓰는 것도 같은 실수이니 이번 기회에 잘 익혀 둬!

예 : 하마터면 큰일날 뻔했네.

맞혀 봐! 맞춤법 1

앞서 배운 맞춤법, 문제로 풀어 볼까?

1 빈칸에 들어가면 뜻이 모두 통하는 글자는 무엇이겠느냐. (   )

> 그마나셔 왕비 : ☐이 맞춤법을 엄격히 지켜야 해요?
> 지키셔스 국왕 : 그렇게 하기로 마음을 ☐했소.
> 그마나셔 왕비 : 당신 의지가 그렇게 ☐세다면 어쩔 수 없죠.
> 지키셔스 국왕 : 나의 ☐은 결심을 지켜 줘서 고맙소.

2 문장을 읽고 바르면 O, 틀리면 X에 표시해 보거라.

(1) 손에 쥐고 있는 그건 뭐에요?   ◉ ✖
(2) 이건 맞춤법을 알려주는 정의봉이에요.   ◉ ✖
(3) 이 정의봉을 준 사람의 이름은 캐틀러예요.   ◉ ✖

3 초성과 힌트를 보고 빈칸에 들어갈 단어를 완성해 보거라.

(1) 나는 ㅇㄹ 마추미오 왕국의 왕자야.   (힌트 : 처음부터 또는 근본부터)
(2) ㄴ가 왕자면 나는 공주겠다.   (힌트 : 그 사람을 가리키는 말)
(3) 나는 ㅂㄹ 그곳에서 태어났다고!   (힌트 : 처음부터 또는 근본부터)

4 빈칸에 들어갈 알맞은 글자를 찾아 줄로 이어 보거라.

(1) 우리가 맞춤법을 틀려도 비웃지 말아 ☐. •   • 죠
(2) 물론이☐.   •   • 제
(3) ☐가 잘 알려드릴게요.   •   • 줘

정답 1 곧 2 (1) X (2) O (3) O 3 (1) 원래 (2) 네 (3) 본래 4 (1) 줘 (2) 죠 (3) 제

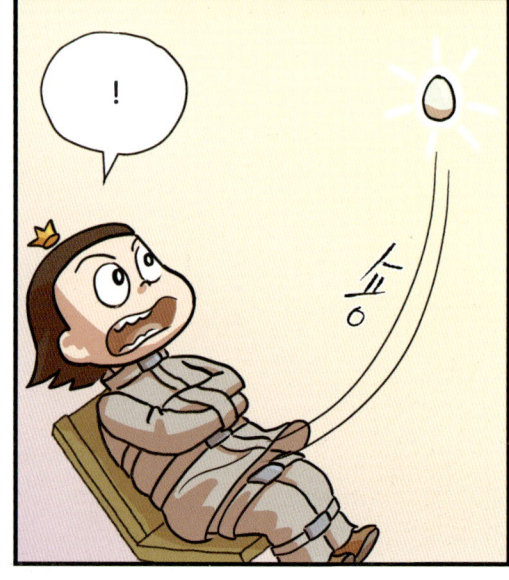

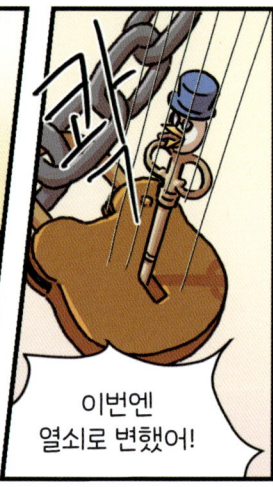

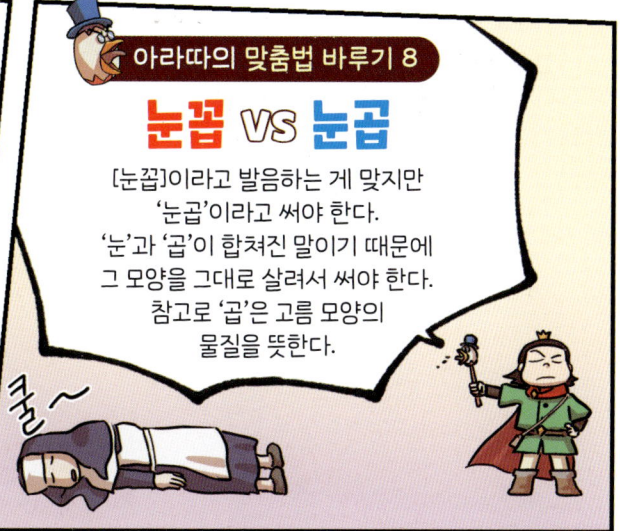

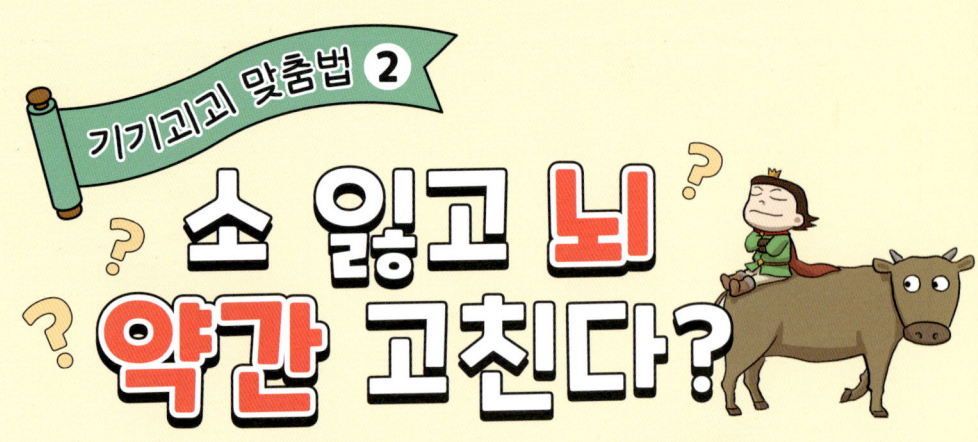

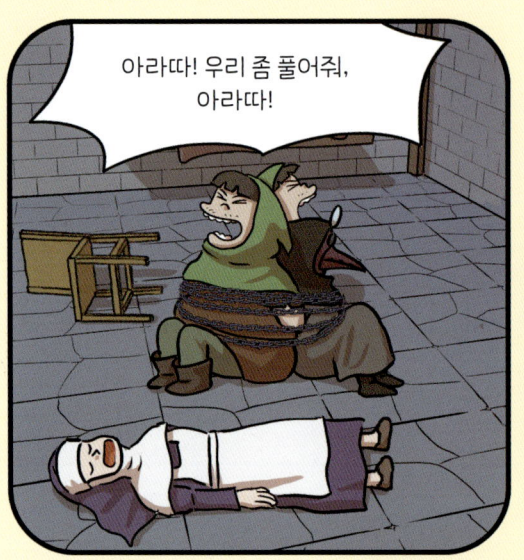

직접 따라 쓰며 올바른 표현을 익혀 보세요!

시험을 망치고 나서야 공부하는 모습에

소 잃고 외양간 고친다는 말이 떠올라.

친구를 화나게 해 놓고 말조심하는 걸 보니

소 잃고 외양간 고친다는 말이 딱 맞아.

잔뜩 먹은 뒤에 운동하는 게 소 잃고 외양간

고치는 것 같지만 이렇게라도 해야지.

알았다! 맞춤법 2

소리 나는 대로 쓰면 틀린 맞춤법, 좀 더 알아 볼까?

1 꺼꾸로 vs 거꾸로

'차례나 방향, 또는 형편 따위가 반대로 되게'를 뜻하는 말은 '거꾸로'야. 원래는 '거꾸로'라고 부드럽게 발음해야 하는데 요즘 들어 '꺼꾸로'라고 세게 말하는 친구가 많아졌지. '거꾸로'라고 부드럽게 말하는 연습을 하면 틀릴 일이 없겠지?

예 : 옷을 거꾸로 입었어.

2 실증 vs 싫증

'싫증'은 '싫은 생각이나 느낌'을, '실증'은 '확실한 증거'를 나타낼 때 쓰는 말이야. 둘 다 바른 말이지만 '싫증'이라는 표현을 쓰고자 할 때 [실쯩]으로 소리 나서 '실증'으로 잘못 쓰기 쉬워. '싫어'와 '싫증'을 연관 지어 기억하면 헷갈리지 않아.

예 : 같은 음식을 매일 먹으면 싫증이 나.

3 우겨넣다 vs 욱여넣다

'욱여넣다'는 주위에서 중심으로 함부로 밀어 넣을 때 쓰는 말이야. [우겨너타]로 발음하다 보니 '우겨넣다'로 잘못 쓰는 친구가 많단다. 하지만 '안쪽으로 조금 우그러지게 하다'를 뜻하는 '욱이다'와 '넣다'가 만나 만들어진 말이라는 사실을 알면, 앞으로는 바르게 쓸 수 있어!

예 : 주머니에 사탕을 욱여넣었어.

4 넓다랗다 vs 널따랗다

'널따랗다'는 '넓다'에 '-다랗다'가 붙어 만들어진 말이야. [널따랗다] 처럼 'ㄼ' 받침 중 'ㄹ' 소리만 나면 들리는 대로 쓰는 게 맞아. 그런데 '넓적하다'는 [넙쩌카다]라고 읽지? 이렇게 'ㄼ' 받침 중 'ㅂ' 소리가 나면 원래 모양을 밝혀 '넓적하다'라고 써야 해.

예 : 나는 널따란 아빠 품을 좋아해.

5 뒤치닥거리 vs 뒤치다꺼리

다른 사람의 자잘한 일을 이리저리 살펴 도와주는 것을 뜻하는 말은 '치다꺼리'야. 이 단어 앞에 '뒤'를 붙여 '뒤치다꺼리'라는 말이 만들어졌어. 뒤에서 일을 보살펴서 도와주는 것을 뜻할 때 쓸 수 있지. 어디서 온 말인지 알았으니 더는 헷갈리지 않을 거야.

예 : 동생 뒤치다꺼리하다 보면 하루가 짧아.

맞혀 봐! 맞춤법 2

가로 열쇠와 세로 열쇠를 참고하여 낱말 퍼즐을 풀어 보거라.

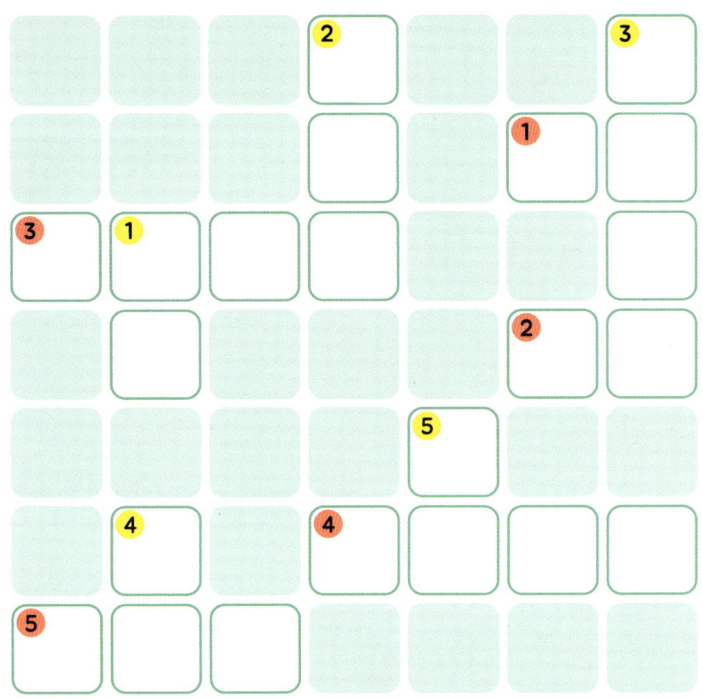

가로 열쇠

*정답은 156쪽에

1. 티와 먼지를 통틀어 이르는 말. '□□모아 태산'이라는 속담이 있다.
2. 학생들이 공부한 내용을 평가한 결과. 시험을 보고 나면 □□표를 받는다.
3. 어떤 일에 서투른 데가 없이 익숙하다. 비슷한 말은 '능하다'이다.
4. 마음이나 약속이 쇠나 돌처럼 단단할 때 쓰는 말.
5. 실이나 머리카락 따위가 약간 고불고불하게 말려 있는 상태.

세로 열쇠

1. 세상 물정을 잘 모르는 사람. '숙맥불변'에서 온 말이다.
2. 물건을 잡아끌어 가까이 오게 하다.
3. 많은 사람이 어수선하게 움직이며 시끄럽게 떠드는 모양.
4. 눈에서 나오는 진득진득한 액. 또는 그것이 말라붙은 것.
5. 갑자기 무엇을 잽싸게 움켜잡거나 무는 모양을 나타내는 말.

3장 시간을 넘나드는 맞춤법 여행
그때는 맞고 지금은 틀린 맞춤법 5

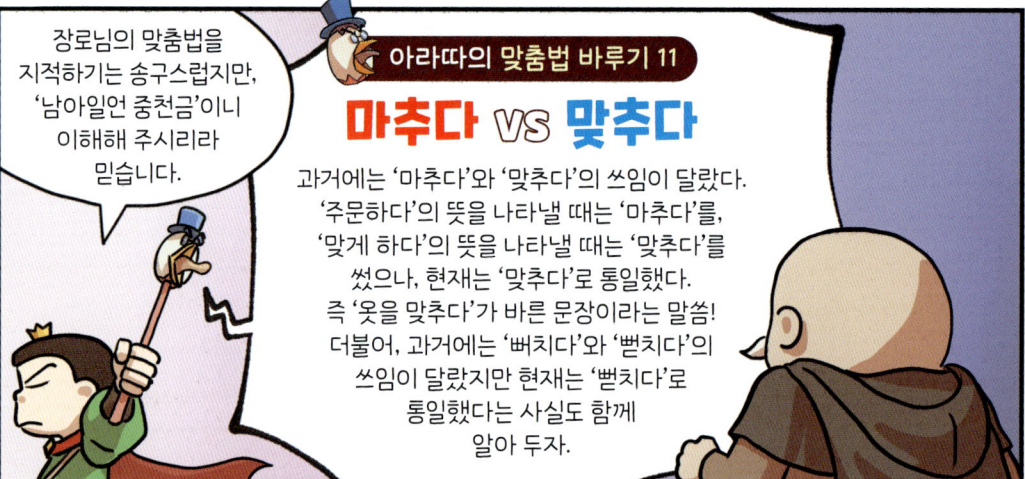

아라따의 맞춤법 바루기 11
마추다 vs 맞추다

과거에는 '마추다'와 '맞추다'의 쓰임이 달랐다. '주문하다'의 뜻을 나타낼 때는 '마추다'를, '맞게 하다'의 뜻을 나타낼 때는 '맞추다'를 썼으나, 현재는 '맞추다'로 통일했다. 즉 '옷을 맞추다'가 바른 문장이라는 말씀! 더불어, 과거에는 '뻐치다'와 '뻗치다'의 쓰임이 달랐지만 현재는 '뻗치다'로 통일했다는 사실도 함께 알아 두자.

장로님의 맞춤법을 지적하기는 송구스럽지만, '남아일언 중천금'이니 이해해 주시리라 믿습니다.

44

아라따의 맞춤법 바루기 13
강남콩 vs 강낭콩

중국 양쯔강의 남쪽 지역에서 들여온 콩이기에 과거에는 '강남콩'이라고 불렀다. 하지만 이러한 어원이 약해지면서 '강낭콩'으로 말하는 사람이 많아져 현재는 '강낭콩'이 표준어가 되었다.

아라따의 맞춤법 바루기 14

무우 vs 무

과거에는 '무우'를 줄여 '무'라고 말했다.
하지만 '무'가 더 널리 쓰이면서
'무우'는 버리게 되었다.
즉, 현재는 '무'가 표준어다.
더불어, '새앙쥐'가 아닌 '생쥐'가,
'또아리'가 아닌 '똬리'가 옳은 말이라는
사실도 함께 알아 두자.

아라따의 맞춤법 바루기 15

설겆이 vs 설거지

과거에는 '먹고 난 뒤의 그릇을 씻어 정리하다'라는 뜻을 나타낼 때 '설겆다'라는 말을 사용했는데, 여기에 '이'가 붙어 '설겆이'라는 단어가 만들어졌다. 하지만 '설겆다'라는 말이 점차 쓰이지 않게 되자 '설겆이'도 덩달아 옛말이 되었다. 그리하여 소리 나는 대로 쓴 '설거지'가 표준어가 되었다.

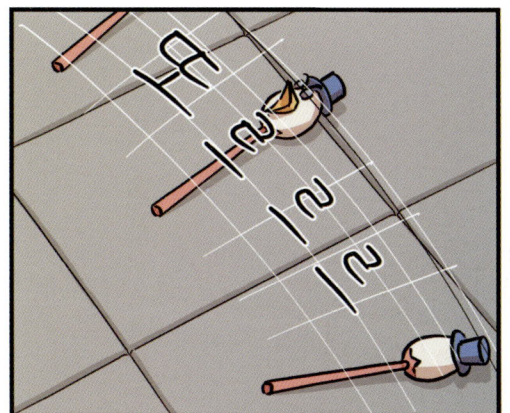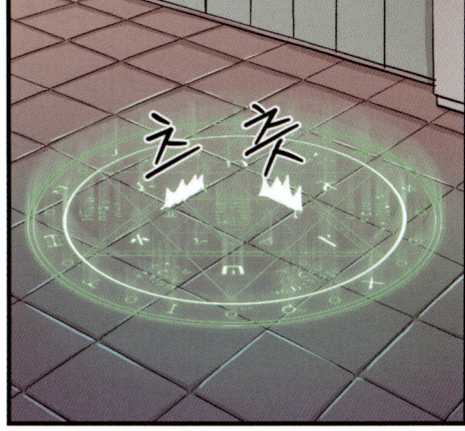

직접 따라 쓰며 올바른 표현을 익혀 보세요!

우리 누나는 이래라저래라 참견하는 걸 좋아해.

제가 알아서 할 수 있으니 이래라저래라 간섭하지 말아 주세요.

나한테 이래라저래라 할 시간에 네 일이나 잘하렴!

알았다! 맞춤법 3
그때는 맞고 지금은 틀린 맞춤법, 좀 더 알아 볼까?

1 돐 vs 돌

'돌'은 '아기가 태어나서 처음으로 맞는 생일'이나 '특정한 날이 해마다 돌아올 때 그 횟수를 세는 단위'를 뜻하는 말이야. 예전에는 '생일'을 나타낼 때는 '돌'을, '횟수를 세는 단위'를 나타낼 때는 '돐'을 사용했지만 현재는 '돌'로 통합했어.

예1 : 내일은 우리 조카의 돌이야. /예2: 우리 학교는 오늘로 개교한 지 삼십 돌을 맞았대.

2 아뭏든 vs 아무튼

'의견이나 일의 성질, 상태 따위가 어떻게 되어 있든'이라는 뜻을 더하고 싶을 때는 '아무튼'을 사용해. '아무튼'은 '아무러하든'이 줄어든 말이야. 예전에는 어원을 밝혀 '아뭏든'이라고 썼지만, 지금은 소리 나는 대로 '아무튼'이라고 쓰기로 했단다.

예 : 아무튼 주말에는 푹 쉴 거야.

3 상치 vs 상추

쌈을 싸 먹는 채소인 상추를 예전에는 '상치'라고 부르기도 했어. 하지만 시간이 흐름에 따라 '치'의 모음 '이' 보다 '우' 발음을 더 많이 사용하게 되었지. 그래서 '상추'가 표준어가 되었단다. 같은 이유로 '미싯가루'가 아닌 '미숫가루'가 바른말이라는 것도 알아 두자!

예 : 고기는 상추에 싸 먹어야 맛있어.

4 세째 vs 셋째

'셋째'는 '순서가 세 번째가 되는 차례의'를 뜻하는 말이야. 더불어 '맨 앞에서부터 세어 모두 세 개째가 됨을 이르는 말'이기도 해. 예전에는 '차례'를 나타낼 때는 '세째'를, '수량'을 나타낼 때는 '셋째'를 사용했지만 현재는 '셋째'로 통합했어. 같은 이유로 '네째'가 아닌 '넷째'가 맞는 말이야.

예1 : 나는 셋째 아들이야. /예2: 내 동생이 깬 유리컵이 이걸로 셋째야.

5 뼉다귀 vs 뼈다귀

'뼈다귀'는 '뼈의 낱개'를 나타낼 때 쓰는 말이야. 과거에는 '뼉다귀'라고 쓰기도 했지만 현재는 '뼈다귀'만 표준어로 인정되었어. 간혹 '뼈다구'나 '뼉다구'라고 말씀하는 어른이 계시기도 해. 그럴 때는 '뼈다귀'가 바른말이라고 알려드리자!

예 : 우리 엄마는 뼈다귀 해장국을 좋아해.

맞혀 봐! 맞춤법 3

앞서 배운 맞춤법, 문제로 풀어 볼까?

1 빈칸에 들어가면 뜻이 모두 통하는 글자는 무엇이겠느냐. (　　　)

> **그르다 장로** : 새 옷을 ☐춰 달라고 꼬매랑 여사에게 연락했네.
> **아라따** : 옷값이 한 달 식비와 ☐먹을 만큼 비쌀 텐데요?
> **그르다 장로** : ☐춤법 왕자답게 좋은 옷을 입어야지.
> **안나** : ☐는 말씀이에요!

2 문장을 읽고 바르면 O, 틀리면 X에 표시해 보거라.

(1) 천장에 모기가 앉아 있어.　　　　　　　
(2) 채소 값이 천정부지로 올랐잖아?　　　　
(3) 천정에서 비가 새서 수리해야 해.　　　　 O X

3 다음 중 바르지 않은 설명을 골라 보거라.

(1) '강낭콩'은 중국 양쯔강의 남쪽 지역에서 들어온 콩이야.
(2) 그래서 과거에는 '강남콩'이라고 불렀어.
(3) 그런데 어원이 약해지면서 '강낭콩'이라고 말하는 사람이 많아졌지.
(4) 그래도 남쪽에서 온 콩이니까 '강남콩'이라고 부르는 게 맞아.

4 바른 단어에 동그라미를 쳐 보거라.

> 그르다 장로님의 텃밭에 (무우/무)를 뽑으러 갔다. 그런데 (똬리/또아리)를 틀고 있던 뱀이 스물스물 움직이며 나에게 다가왔다. 깜짝 놀라 도망가는 나를 보고 (새앙쥐/생쥐)가 깔깔 웃었다. 난 아무래도 밭일이 안 맞는 모양이다. 집안에서 얌전하게 (설거지/설겆이)나 해야지.

정답 1 맞 2 (1) O (2) O (3) X 3 ④ 4 무 / 똬리 / 생쥐 / 설거지

아라따의 맞춤법 바루기 16
예기 vs 얘기

'얘기'는 '이야기'가 줄어든 말이다. '이야'를 줄이면 '예'가 아닌 '얘'가 된다는 사실을 기억하자. '지금 바로'를 뜻하는 '금세'를 '금새'로 잘못 쓰는 경우도 많은데, 이것은 '금시에'가 줄어든 말이다. '시에'가 줄어들면 '새'가 아닌 '세'가 된다. 본말을 알아 두면 준말을 틀리게 쓸 일이 없으니 함께 묶어 기억해 두자.

아라따의 맞춤법 바루기 17

사겼다 vs 사귀었다

'사귀다'는 '사귀었다'로 활용할 수 있다.
하지만 이것을 더 줄여 '사겼다'라고 할 순 없다.
그렇기 때문에 '사귀었다'를 활용하여
'사귀어야'라고 해야 한다는 말씀!
'바뀌다' 역시 '바뀌었다'로 활용할 수 있지만
'바꼈다'로 더 줄일 순 없다.
그렇기 때문에 '바뀌었다'를 활용하여
'바뀌어야'라고 해야 한다.

아라따의 맞춤법 바루기 18

웬지 vs 왠지

'웬지'가 아닌 '왠지'가 바른 말이다.
왜 그런지 모르게→왜 그런지→왜인지 순서로
줄어들어 '왠지'라는 말이 만들어졌기 때문이다.
쉽게 말해 3단 압축 변신 맞춤법이랄까?
더불어, '왠지'만 '왠' 자를 쓰고 나머지 상황에서는
모두 '웬' 자를 쓴다고 기억하면 쉽다.
(웬걸, 웬만큼, 웬만히, 웬만하면…)

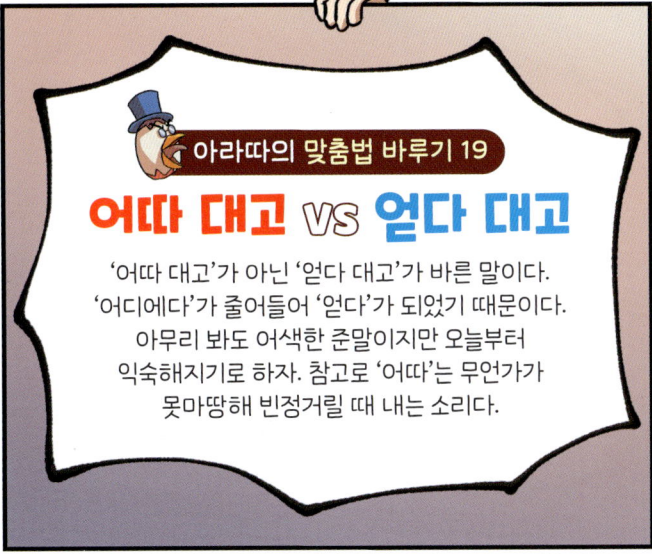

아라따의 맞춤법 바루기 20

얼만큼 vs 얼마큼

'얼만큼'이 아니라 '얼마큼'이 바른 말이다.
이는 '얼마만큼'이 줄어든 말로, '만큼'을
'큼'으로 줄여 '얼마큼'이라고 해야 한다.
반대로 '그만큼'을 '그마만큼'이라고 늘려 쓰는 경우가
있는데 '그만큼'은 줄어든 말이 아니므로 늘려 쓸 수 없다.
같은 이유로 '이마만큼·저마만큼'도 틀린 말이다.
'이만큼·저만큼'이라고 바르게 쓰도록 하자.

직접 따라 쓰며 올바른 표현을 익혀 보세요!

아빠가 만든 국이 너무 짰지만 맛있다고

선의의 거짓말을 했어.

주사를 맞으러 가는 동생에게 아프지 않을

거라고 했던 건 선의의 거짓말이었어.

선생님은 내 그림을 늘 칭찬하시지만

선의의 거짓말이라는 걸 알아.

알았다! 맞춤법 4

부모님도 틀리는 잘못 줄어든 맞춤법, 좀 더 알아 볼까?

1 띠다 vs 띄다

'뜨이다'는 남보다 훨씬 두드러지게 드러나거나, 무언가가 눈에 보일 때 쓰는 말이야. 이것을 줄여 '띄다'라고 말할 수 있지. 그런데 '띄다'를 '띠다'로 잘못 쓰는 친구가 있어. '띠다'는 빛깔이나 색채를 가지거나, 감정이나 기운 따위를 나타낼 때 쓰는 말이니 예문에서는 '띄다'로 써야겠지?

예 : 나는 내성적이라 눈에 띄는 게 부담스러워.

2 되려 vs 되레

'도리어'는 '기대와는 전혀 반대되거나 다르게'라는 뜻을 더할 때 쓸 수 있는 말이야. 이것을 줄여 '되레'라고 말할 수 있지. '오히려'를 '외려'라고 줄여 말하기도 하는데, 이 단어와 헷갈려 '되려'라고 잘못 쓰는 사람이 많단다.

예 : 방귀 뀐 사람이 되레 성을 낸다니까?

3 뵈요 vs 봬요

'뵈다'는 웃어른을 대하여 볼 때 쓰는 말이야. 여기에 '-어요'를 붙여 '뵈어요'라고 말할 수 있지. '뵈어요'를 줄이면 '봬요'가 된단다. 더불어 '뵈다'의 과거형은 '뵈었다'이고, 이것이 줄어들면 '뵀다'가 된다는 사실도 함께 알아 두자!

예 : 할머니, 그럼 다음 주에 봬요.

4 딛다 vs 딛다

'발로 올려놓고 서거나 발로 내리누르다' 또는 '어려운 상황을 이겨내다'라는 뜻을 나타낼 때 '디디다'라는 말을 사용해. 이것을 줄여 '딛다'라고 말할 수 있지. 가운데 모음 '이' 소리가 줄어들면서 'ㄷ'만 남고, 그 'ㄷ'이 앞 글자에 붙어 '딛다'가 되는 거야.

예1 : 한쪽 발만 땅에 딛고 중심을 잡아 봐. /예2 : 어려움을 딛고 일어서야 해.

5 요세 vs 요새

'요사이'는 '이제까지의 매우 짧은 동안'을 뜻하는 말이야. '사이'가 줄어들면 '새'가 되니까 '요새'가 바른 말이겠지? '밤이 지나는 동안'을 뜻하는 '밤사이'가 줄어들면 '밤새'가 된다는 사실도 함께 알아 두자!

예 : 나는 요새 키가 부쩍 컸어.

맞혀 봐! 맞춤법 4

가로 열쇠와 세로 열쇠를 참고하여 낱말 퍼즐을 풀어 보거라.

가로 열쇠

1 말하는 사람끼리 서로 오가는 말. '이야기'의 준말이다.
2 서로 얼굴을 익히고 친하게 지내다. 새로운 친구를 ☐☐☐☐.
3 바로 지금. '금시에'의 준말이다.
4 보통은 넘는 정도로. 나는 곱하기를 ☐☐☐ 할 줄 알아.
5 왜 그런지 모르게. '왜인지'의 준말이다.

세로 열쇠

1 지구에서 육지를 제외한 부분. 파도가 친다.
2 열차나 지하철을 조종하는 사람.
3 친구에게 인사할 때는 "안녕", 어른에게 인사할 때는?
4 손가락에 장식으로 끼는 예쁘장한 고리.
5 수량이나 수준이 어느 정도인가를 묻는 말. '얼마만큼'의 준말이다.

*정답은 156쪽에

아라따의 맞춤법 바루기 22

육월 vs 유월

'6월'은 '육월'이 아닌 '유월'로 써야 한다.
[유궐]보다 [유월]이 발음하기 쉽기 때문에
'유월'이 표준어가 되었다.
'10월' 역시 '십월'이 아닌 '시월'로 써야 한다.
[시벌]보다 [시월]이 발음하기 쉽기 때문에
'시월'이 표준어가 되었다.

아라따의 맞춤법 바루기 23

몇 일 VS 며칠

'몇 년年·몇 월月'처럼
'몇 일日'이라고 쓰면 될 것 같지만,
'며칠'이 바른 말이다.
순우리말인 '며츨'에서 유래된
단어이기 때문이다.

안나도 '사흘'을 '4일'로 알았겠구나!

아라따의 맞춤법 바루기 25

4일 vs 사흘

'사흘'은 '세 번의 낮과 세 번의 밤이 지나가는 동안'을 뜻한다. 즉 '3일'과 같은 말이다. 이번 기회에 날짜를 세는 순우리말을 함께 알아 두도록 하자.

1일	2일	3일	4일	5일	6일	7일	8일	9일	10일
하루	이틀	사흘	나흘	닷새	엿새	이레	여드레	아흐레	열흘

직접 따라 쓰며 올바른 표현을 익혀 보세요!

할머니는 할아버지를 인생의 반려자라고 불러.

어른이 되면 아빠처럼 멋진, 인생의 반려자를 만나고 싶어.

삼촌은 여자 친구를 인생의 반려자 삼고 싶대.

알았다! 맞춤법 5
틀리면 호감도가 내려가는 맞춤법, 좀 더 알아볼까?

1 어의없다 vs 어이없다

일이 너무 뜻밖이어서 기가 막힐 때는 '어이없다'라고 말할 수 있어. '어의'는 궁궐 내에서 임금이나 왕족의 병을 치료하던 의원을 뜻하는 말이야. 그러니까 '어의없다'는 '의사 없다'와 같은 이상한 말이란다.

예 : 나를 두고 다른 친구랑 놀다니 어이없다!

2 벗꽃 vs 벚꽃

매년 봄마다 벚나무에서 피는 꽃을 '벚꽃'이라고 해. 어째서 'ㅅ'이 아닌 'ㅈ' 받침을 쓰는 걸까? 그건 '버찌'가 벚나무의 열매이기 때문이야. 이것을 줄여 '벚'이라고 말할 수 있어. 그러니까 '벚'이 열리는 나무는 '벚나무'고, 벚나무에서 피는 꽃은 '벚꽃'이겠지?

예 : 너랑 같이 벚꽃 놀이 가고 싶어.

3 떡볶기 vs 떡볶이

'떡볶이'는 적당한 크기로 자른 가래떡과 어묵에 갖은 양념을 넣어 볶은 음식이야. 구운 생선을 '생선굽기'라고 하지 않고 '생선구이'라고 하는 것처럼, 볶은 떡도 '떡볶기'가 아니라 '떡볶이'라고 해야 옳아.

예 : 우리 떡볶이 먹으러 갈래?

4 파토 vs 파투

'파투'는 일이 잘못되어 흐지부지될 때 쓸 수 있는 말이야. 깨트릴 파破, 싸울 투鬪 자를 쓰는 한자어라는 사실을 기억해 두면 '파토'와 헷갈리지 않을 거야. '파토'는 무덤을 만들기 위해 풀을 베고 땅을 파는 것을 뜻하는 말이란다.

예 : 친구에게 일이 생겨서 약속이 파투 났어.

5 내노라하다 vs 내로라하다

'내로라하다'는 '어떤 분야를 대표할 만하다'라는 뜻을 지닌 단어야. 아주 먼 옛날에는 '나다'라고 말하는 대신 '내로라'하고 말했대. 그 말이 지금까지 이어져 '내로라하다'라는 말을 쓰게 된 거지. 어원을 알았으니 더는 헷갈릴 일 없겠지?

예 : 태리는 내로라하는 개구쟁이야.

맞혀 봐! 맞춤법 5
앞서 배운 맞춤법, 문제로 풀어 볼까?

1 빈칸에 들어가면 뜻이 모두 통하는 글자는 무엇이겠느냐. (   )

아라따 : 선희랑은 ☐작년에 헤어졌어.
안나 : 혹시 선희랑 ☐회하기를 바라는 건 아니겠지?
아라따 : ☐차 애기할게. 선희랑은 완전히 끝났다니까?
안나 : 알았어. 이런 일이 ☐발하지 않도록 맞춤법 공부를 열심히 할게.

2 문장을 읽고 바르면 O, 틀리면 X에 표시해 보거라.

(1) 오늘이 몇 월 몇 일이더라?
(2) 며칠 동안 계속 비가 내리네.
(3) 몇일 전에 할머니 꿈을 꿨어.

3 초성과 힌트를 보고 빈칸에 들어갈 단어를 완성해 보거라.

(1) 하루 다음은 ㅇㅌ이야.   (힌트 : 하루가 두 번 있는 시간의 길이)
(2) 3일은 ㅅㅎ이랑 같은 말이지?   (힌트 : 세 번의 낮과 세 번의 밤이 지나가는 동안)
(3) 닷새의 하루 전은 ㄴㅎ이야.   (힌트 : 네 번의 낮과 네 번의 밤이 지나가는 동안)

4 빈칸에 들어갈 알맞은 글자를 찾아 줄로 이어 보거라.

(1) ☐일 오후 2시에 뵈어요.   •   • 시
(2) 현충일은 ☐월 육 일이야.   •   • 금
(3) ☐월이 거의 끝났으니 곧 십일 월이네. •   • 유

 1 재 2 ⑴ X ⑵ O ⑶ X 3 ⑴ 이틀 ⑵ 사흘 ⑶ 나흘 4 ⑴ 금 ⑵ 유 ⑶ 시

6장 낄 때 끼고 빠질 때 빠져야지
'사이시옷' 기술을 썼는데도 틀리는 맞춤법 5

아라따의 맞춤법 바루기 26

햇님 vs 해님

'-님'이나 '-꾼'과 같은 접미사가 단어 뒤에 붙으면 새로운 단어가 만들어진다. 이때, 덧붙은 글자의 앞에는 사이시옷을 넣지 않는다. 즉, '해'에 '-님'이 붙으면 '해님'이, '나무'에 '-꾼'이 붙으면 '나무꾼'이란 말씀! '소릿꾼·장삿꾼·낚싯꾼'이 아닌 '소리꾼·장사꾼·낚시꾼'이 바른말이라는 것도 알아두자!

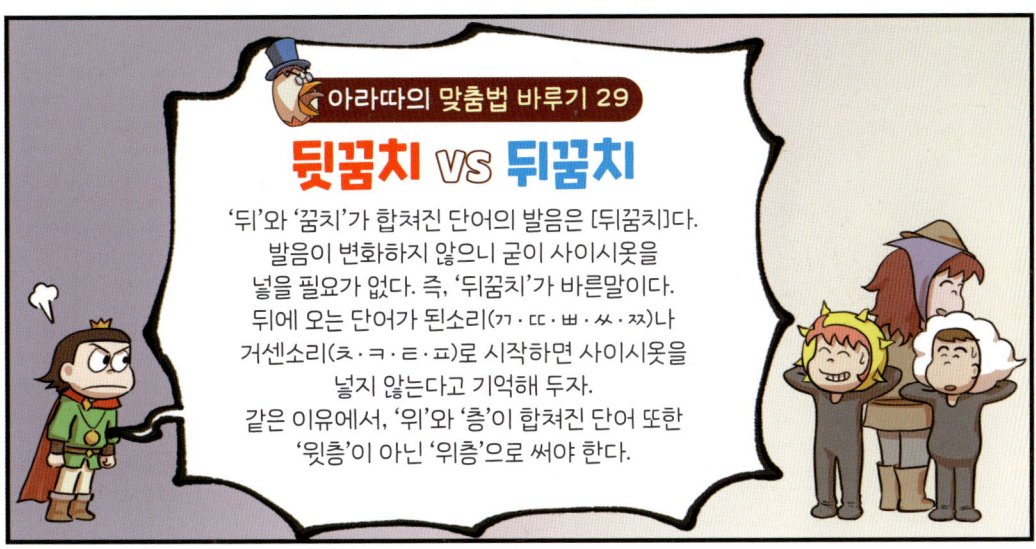

기기괴괴 맞춤법 ❻
일치얼짱?

직접 따라 쓰며 올바른 표현을 익혀 보세요!

피아노 실력이 일취월장하려면

매일매일 연습해야 해.

요리 학원을 다닌 덕분에 아빠의 음식

솜씨가 일취월장했어.

책을 꾸준하게 읽으면 문해력이

일취월장한대.

알았다! 맞춤법 6

사이시옷 기술을 적용해야 맞는 맞춤법, 좀 더 알아 볼까?

1 나무잎 vs 나뭇잎

사람, 사물, 장소나 눈에 보이지 않는 것 따위의 이름을 가리키는 말을 '명사'라고 해. 명사와 명사가 만나 만들어진 단어 사이에는 '사이시옷'을 쓰지. 그러니까 '나무'와 '잎'이 만나면 사이시옷을 붙여 '나뭇잎'이라고 해야겠지?

예 : 가을이 되니 나뭇잎이 알록달록 물들었어.

2 바다가 vs 바닷가

사이시옷은 명사와 명사가 만나 만들어진 단어 중에서도 앞말의 받침이 없는 경우에만 쓸 수 있어. '바다'에는 받침이 없으니까 '가'와 만났을 때 '바닷가'가 되는 거지. '물가'도 명사와 명사가 만나 만들어진 단어지만 '물'에는 받침이 있으니 사이시옷을 쓰지 않아.

예 : 우리 가족은 여름마다 바닷가로 휴가를 떠나.

3 코노래 vs 콧노래

뒷말의 첫소리 'ㄴ·ㅁ' 앞에서 'ㄴ'소리가 덧날 때는 사이시옷을 쓸 수 있어. '코'와 '노래'가 만나 만들어진 단어인 '콧노래'는 [콘노래]라고 발음하니 사이시옷을 쓸 수 있는 거지. 같은 이유에서 '아랫니·잇몸·냇물'에도 사이시옷이 들어간단다.

예 : 맛있는 음식을 먹으니 콧노래가 절로 나와.

4 나무가지 vs 나뭇가지

뒷말의 첫소리가 된소리로 날 때도 사이시옷을 쓸 수 있어. '나무'와 '가지'가 만나 만들어진 단어인 '나뭇가지'는 [나무까지]로 발음하니까 사이시옷을 쓸 수 있어. 같은 이유에서 '나룻배·냇가·촛불'에도 사이시옷이 들어가는 거지.

예 : 나뭇가지를 함부로 꺾으면 안 돼.

5 베개잇 vs 베갯잇

뒷말의 첫소리 모음 앞에서 'ㄴㄴ' 소리가 덧날 때 역시 사이시옷을 쓸 수 있어. '베개'와 '잇'이 만나 만들어진 단어인 '베갯잇'은 [베갠닏]으로 발음하니까 사이시옷을 쓸 수 있는 거지. 같은 이유에서 '뒷일·깻잎·훗일'에도 사이시옷이 들어간단다.

예 : 베갯잇은 자주 갈아야 해.

맞혀 봐! 맞춤법 6

가로 열쇠와 세로 열쇠를 참고하여 낱말 퍼즐을 풀어 보거라.

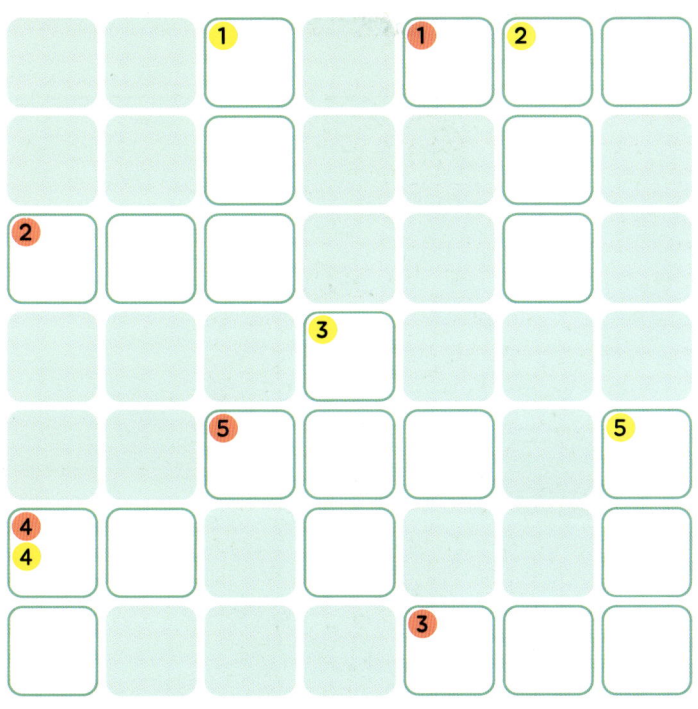

가로 열쇠

*정답은 156쪽에

1 발의 뒤쪽 발바닥과 발목 사이의 불룩한 부분.
2 땔나무를 하는 사람. 선녀와 □□□.
3 인사로 하는 말.
4 돌아오는 차례의 수효.
5 혓바닥에 좁쌀알같이 돋아 오르는 붉은 살.

세로 열쇠

1 낚시를 가지고 고기잡이를 하는 사람.
2 꿈속의 세계.
3 바람과 비를 아울러 이르는 말.
4 생선회를 전문으로 파는 음식점.
5 사람이나 사물을 높여서 이르는 말.

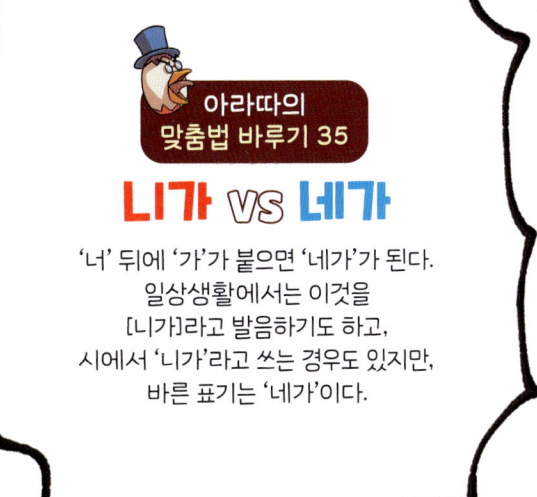

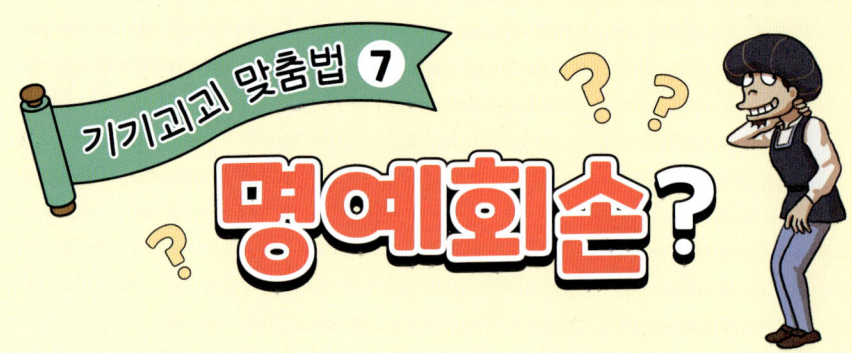

직접 따라 쓰며 올바른 표현을 익혀 보세요!

친구의 비밀을 퍼뜨리면 명예훼손이 될 수 있어.

거짓말로 누군가를 나쁘게 만들면 명예훼손을 하는 거야.

자꾸만 내 험담을 하다니, 이건 엄연한 명예훼손이야!

알았다! 맞춤법 7

틀리게 쓰기 쉬운 외래어 표기, 좀 더 알아 볼까?

1 로켙 vs 로켓

외국어를 우리말로 적을 때 사용하는 받침은 정해져 있어. 'ㄱ·ㄴ·ㄹ·ㅁ·ㅂ·ㅅ·ㅇ' 이렇게 일곱 개 이외에는 사용하지 않아. 그래서 '로켙'이 아니라 '로켓'이 옳은 거란다. 같은 이유로 '굳모닝·커피샵'이 아닌 '굿모닝·커피숍'이 바른말이야.

예 : 로켓을 발사하는 장면을 유튜브에서 봤어.

2 뻐스 vs 버스

현지음이 'ㄲ·ㄸ·ㅃ·ㅆ·ㅉ'로 발음되더라도 우리말로 적을 때는 된소리는 쓰지 않아. 그래서 '뻐스'가 아니라 '버스'라고 해야 하는 거야. 같은 이유로 '까페·빠리'가 아닌 '카페·파리'가 바른말이라는 사실도 함께 알아 두자!

예 : 커다란 버스를 타고 소풍을 갔어.

3 검 vs 껌

외국어를 우리말로 적을 때 된소리를 사용하지 않는다고 했지? 그렇다면 질겅질겅 씹어서 단물을 빼어 먹는 간식은 '검'이라고 해야 할까? 땡! 정답은 '껌'이야. 옛날부터 [껌]이라고 발음해 온 탓에 이제는 그 말이 굳어졌어. 그래서 예외적으로 '껌'이라고 해야 옳아.

예 : 껌은 종이에 싸서 버려야 해.

4 쉬림프 vs 슈림프

'새우'를 뜻하는 영어 단어는 'shrimp'야. 이 단어를 우리말로 적을 때는 '슈림프'라고 해. 자음 앞에 'sh' 소리가 올 때는 '슈'로 적기 때문이야. 그런데 'english'는 '잉글리시'라고 하지? 자음 앞이 아닐 때는 '시'로 적기 때문이란다.

예 : 슈림프 피자가 제일 맛있어.

5 빵꾸 vs 펑크

타이어에 구멍이 나는 걸 영어로 'puncture'라고 해. 일본 사람들은 이 단어를 발음하기 어려워 '판쿠'라고 말한대. 그런데 일본에서 널리 쓰이던 말이 우리나라로 들어와 '빵꾸'가 된 거야. 이번 기회에 '펑크'가 바른 표기라는 사실을 알아 두면 좋겠지?

예 : 아빠 차를 타고 가는데 갑자기 펑크가 났어.

맞혀 봐! 맞춤법 7

앞서 배운 맞춤법, 문제로 풀어 볼까?

1 빈칸에 들어가면 뜻이 모두 통하는 글자는 무엇이겠느냐. (　　　)

시쓰리 : 나의 바□은 아라따가 우리 마을에서 사라지는 거야.
안나 : 윗사□이 마음을 넓게 쓰셔야죠!
그르다 장로 : 청출어□이라는 말도 모르오?
시쓰리 : 꾸지□ 듣고 싶지 않아요!

2 문장을 읽고 바르면 O, 틀리면 X에 표시해 보거라.

(1) 거칠은 땅을 일구어 비옥하게 만들자. ⭕❌
(2) 바람을 타고 날으는 민들레 씨앗 좀 봐. ⭕❌
(3) 노는 것도 좋지만 일하는 것도 좋아. ⭕❌

3 색깔을 바르게 표현한 단어를 줄로 이어 보거라.

(1) ⬜　　　(2) 🟥　　　(3) 🟨

하얀　하이얀　빨간　빠알간　노란　노오란

4 바른 단어에 동그라미를 쳐 보거라.

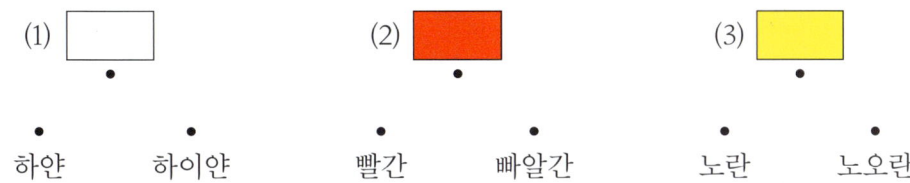

자작시 낭송 대회에서 당연히 일등을 할 줄 알고 (설레이는/설레는) 마음으로 참여했다. 하지만 바른 맞춤법을 찾아 (헤매는/헤메이는) 바람에 꼴찌를 했다. 말도 안 돼. 난 일등 자리에서 한 (발자국/발자욱)도 움직일 수 없어! 아라따 녀석을 (지르밟고야/즈려밟고야) 말 거야!

정답 | **1** 람 **2** (1) X (2) X (3) O **3** (1) 하얀 (2) 빨간 (3) 노란 **4** 설레는 / 헤매는 / 발자국 / 지르밟고야

8장 산산조각 난 그다 마을
접미사를 틀리게 쓴 맞춤법 5

아라따의 맞춤법 바루기 36
차돌배기 vs 차돌박이

단어 뒤에 '-박이'가 붙으면 '무엇이 박혀 있는 사람이나 짐승 또는 물건'이라는 뜻이 더해진다. 즉, 차돌처럼 흰 부위가 박혀 있는 고기는 '차돌박이', 오이를 갈라 소를 박은 김치는 '오이소박이'라고 해야 한다는 말씀! '두 살배기'처럼 '단어 뒤에 '-배기'가 붙으면 '그 나이를 먹은 아이'라는 뜻이 더해지니 '차돌'이나 '오이' 따위와는 어울려 쓰일 수 없다.

아라따의 맞춤법 바루기 38
사냥군 vs 사냥꾼

'살림꾼·심부름꾼·낚시꾼'처럼 단어 뒤에 '-꾼'이 붙으면 '어떤 일을 전문적 또는 습관적으로 하는 사람'이라는 뜻이 더해지고, '식물군'처럼 '-군'이 붙으면 '무리'나 '떼'라는 뜻이 더해진다. 그러므로 '사냥을 직업으로 하는 사람'을 나타내려면 '사냥꾼'이라고 해야 옳다.

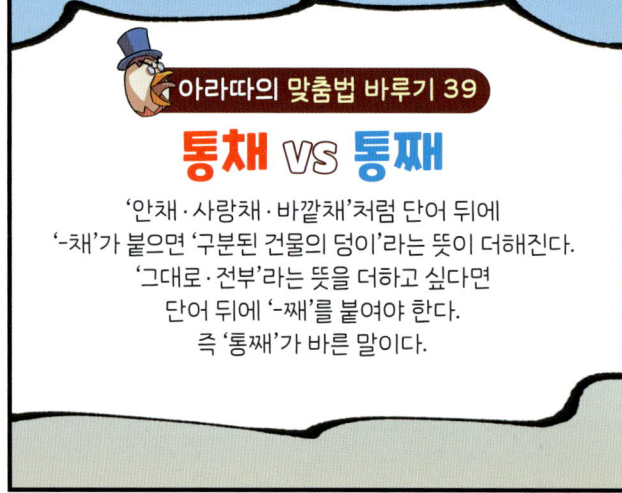

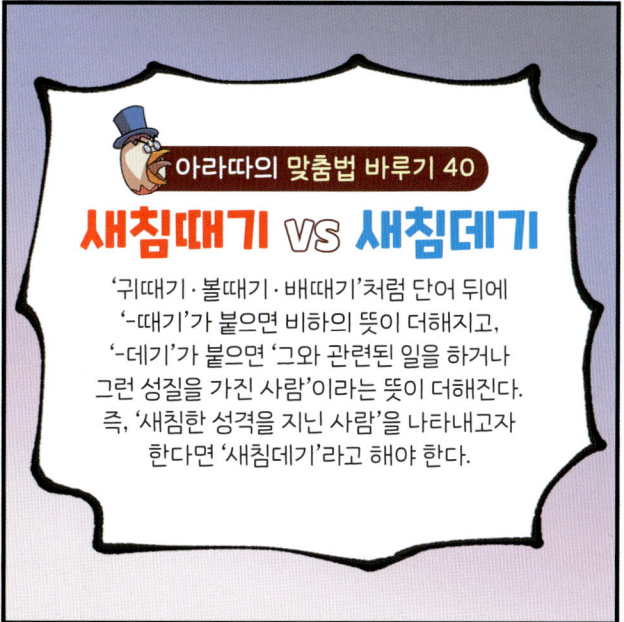

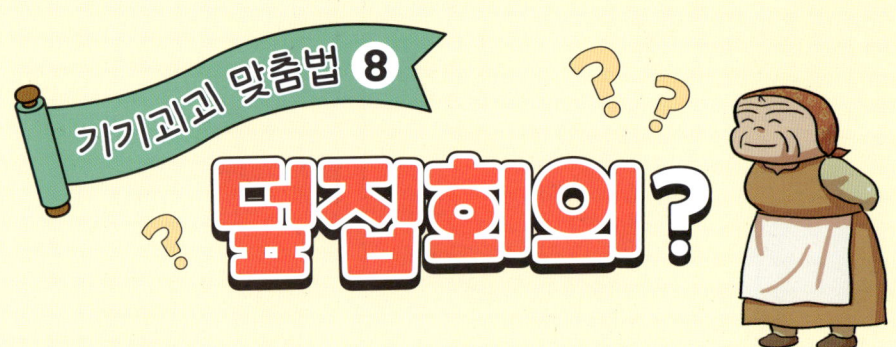

덮집회의?
기기괴괴 맞춤법 8

할머니 여기 얼마죠?

열다섯 줄에 열 줄을 더 먹었으니까… 십만 원입니다.

시… 십만 원…?

아유, 내가 설마 진짜로 얻어먹을까 봐? 깔끔하게 덮집회의 하자고요!

직접 따라 쓰며 올바른 표현을 익혀 보세요!

친구랑 떡볶이를 먹으면 늘 더치페이로 계산해.

오늘은 내가 살 테니 더치페이는 안 해도 돼.

난 음식을 조금만 먹어서 더치페이하기는 억울해!

알았다! 맞춤법 8

시쓰리 시인에게 쓸 수 있는 속담과 관용구, 좀 더 알아볼까?

1 코가 납작해지다

'코가 납작해지다'는 몹시 무안을 당하거나 기가 죽어 위신이 뚝 떨어진 때 쓸 수 있는 관용구야. 이와 반대가 되는 표현인 '콧대가 높다'도 함께 알아 두면 좋아. 몹시 도도하여 상대를 우습게 여기거나, 뽐내는 태도가 있는 사람에게 쓸 수 있단다.

예 : 맞춤법을 틀린 시쓰리 시인의 코가 납작해졌어.

2 배가 아프다

'배가 아프다'는 남이 잘되어 심술이 날 때 쓸 수 있는 관용구야. 속담으로는 '사촌이 땅을 사면 배가 아프다'라고 하기도 해. 이 두 표현과 반대되는 사자성어는 '송무백열松茂柏悅'이야. 소나무가 무성하면 잣나무가 기뻐한다는 뜻으로, 벗이 잘되는 것을 기뻐함을 비유적으로 이르는 말이지.

예 : 안나가 일등을 하니까 배가 아픈 모양이군?

3 가면을 벗다

'가면을 벗다'는 거짓으로 꾸민 모습을 버리고 정체를 드러낼 때 쓸 수 있는 관용구야. 시쓰리 시인처럼 겉으로 드러난 언행과 속으로 가진 생각이 다른 사람을 나타내고 싶을 때 '표리부동表裏不同'이라는 사자성어를 사용해 봐.

예 : 가면을 벗은 시쓰리 시인이 마을을 쑥대밭으로 만들어 놨어!

4 시치미를 떼다

'시치미를 떼다'는 자기가 하고도 하지 않은 체할 때 쓸 수 있는 관용구야. 매의 주인을 밝히기 위하여 주소를 적어 매의 꽁지 속에다 매어 둔 네모꼴의 뿔을 '시치미'라고 하는데, 시치미를 슬쩍 떼어내고 자기 매처럼 가져가는 사람들 때문에 이런 말이 생겼대.

예 : 시쓰리 시인이 시치미를 떼고 김밥을 먹고 있었어.

5 꼬리가 길면 밟힌다

'꼬리가 길면 밟힌다'는 나쁜 일을 남모르게 한다고 해도 오래 두고 여러 번 계속하면 결국에는 들키고 만다는 걸 비유적으로 이르는 속담이야. 비슷한 관용구로는 '덜미를 잡히다'가 있어. 못된 일 따위를 꾸미다가 발각된다는 뜻이지.

예 : 아무리 숨어봤자 꼬리가 길면 밟히는 법이야.

맞혀 봐! 맞춤법 8

가로 열쇠와 세로 열쇠를 참고하여 낱말 퍼즐을 풀어 보거라.

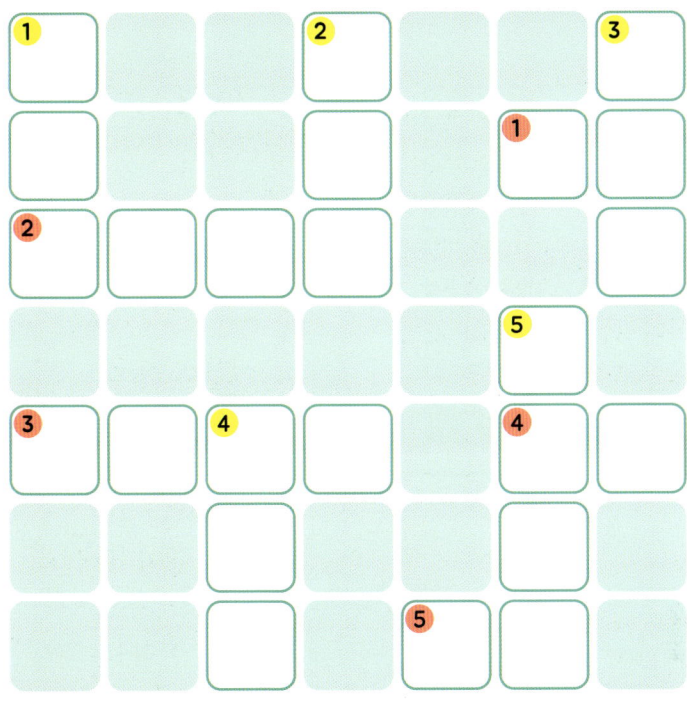

가로 열쇠

*정답은 156쪽에

1 목표물을 겨눔.
2 소의 양지머리뼈 한복판에 붙은 기름진 고기. '□□□□'라고도 한다.
3 새침한 성격을 지닌 사람.
4 콩으로 만든 식품. 된장찌개를 끓일 때 네모나게 잘라서 넣는다.
5 나누지 않은 덩어리 전부. 김밥을 □□로 먹었다.

세로 열쇠

1 도로 위를 움직이도록 만든 차.
2 멋있거나 멋을 잘 부리는 사람.
3 사냥하는 사람.
4 서로 사랑하는 사람이 사귀려고 만나는 일.
5 있는 전부를 모조리. 용돈을 □□□□ 다 써 버렸어.

아라따의 맞춤법 바루기 41
추스리다 VS 추스르다

몸을 가누어 움직이거나, 일이나 마음을 바로잡아 안정시킨다는 뜻을 나타낼 때 '추스리는·추스리고·추스려' 등으로 쓰는 경우가 많지만, '추스르는·추스르고·추슬러'가 바른말이다. 이 단어의 기본형은 '추스리다'가 아닌 '추스르다'이기 때문이다.

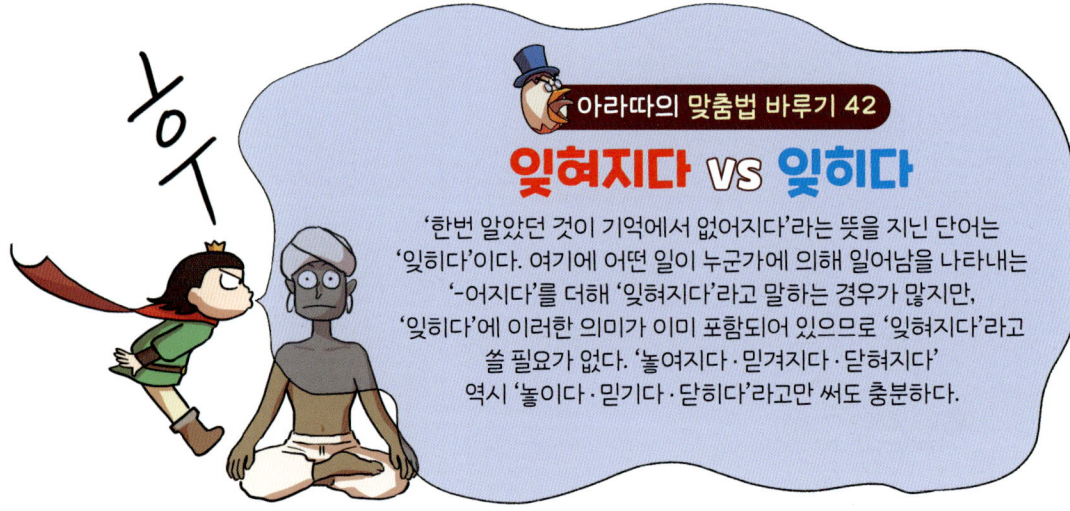

아라따의 맞춤법 바루기 42

잊혀지다 vs 잊히다

'한번 알았던 것이 기억에서 없어지다'라는 뜻을 지닌 단어는 '잊히다'이다. 여기에 어떤 일이 누군가에 의해 일어남을 나타내는 '-어지다'를 더해 '잊혀지다'라고 말하는 경우가 많지만, '잊히다'에 이러한 의미가 이미 포함되어 있으므로 '잊혀지다'라고 쓸 필요가 없다. '놓여지다·믿겨지다·닫혀지다' 역시 '놓이다·믿기다·닫히다'라고만 써도 충분하다.

아라따의 맞춤법 바루기 43

잠구다 vs 잠그다

여닫는 물건이 열리지 않게 하거나, 물이나 가스 등이 새지 않게 차단할 때, '잠궈·잠궈서·잠궜다'가 아닌 '잠가·잠가서·잠갔다'로 써야 한다. 이 단어의 기본형은 '잠구다'가 아닌 '잠그다'이기 때문이다. 더불어, 줘야 할 돈을 내주거나, 무슨 일을 겪어낼 때 사용하는 단어는 '치루다'가 아닌 '치르다'이므로, '치뤄·치뤄서·치뤘다'가 아닌 '치러·치러서·치렀다'로 써야 한다는 사실도 함께 알아 두자.

아라따의 맞춤법 바루기 44
돼다 vs 되다

'돼다'라는 말은 없다. '되다'가 바른 말이다.
'되다'를 활용한 말인 '되어'를 줄이면 '돼'가 된다.
그러니까 '돼는'을 풀어 쓰면 '되어는'이라는
이상한 말이 된다는 말씀! 고로,
'돼지·돼고' 역시 틀린 말이다.

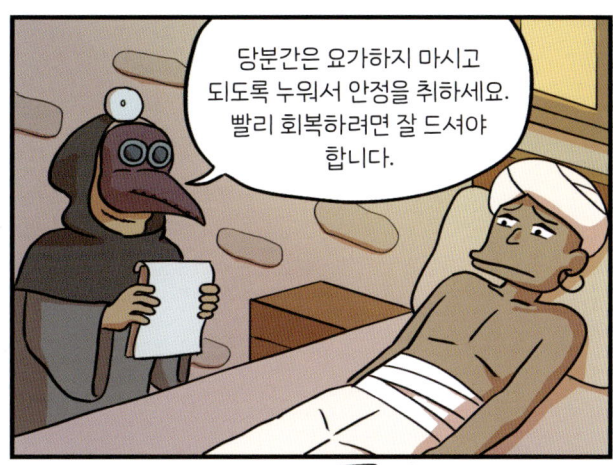
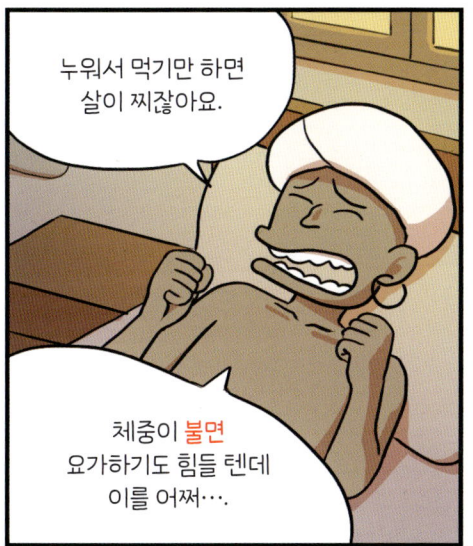

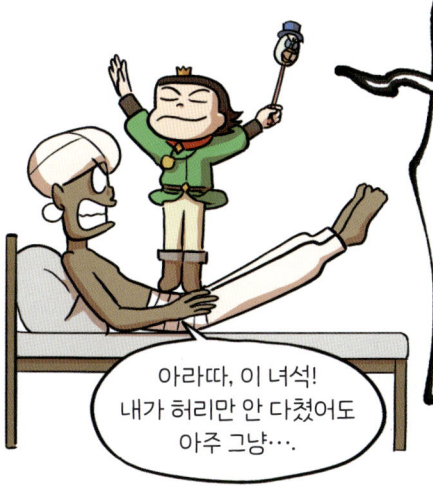

아라따의 맞춤법 바루기 45

불다 vs 붇다

물에 젖어 부피가 커지거나, 살이 쪘을 때 쓸 수 있는 말은 '붇다'이다. '듣다'를 '듣고·듣지·들으면·들어서'로 활용하는 것처럼 '붇다'는 '붇고·붇지·불으면·불어서'로 활용한다. 이처럼 불규칙하게 활용되는 탓에 이 단어의 기본형을 '불다'로 알고 '체중이 불면'으로 틀리게 쓰는 사람이 많다. 바른말은 '체중이 불으면'이다.

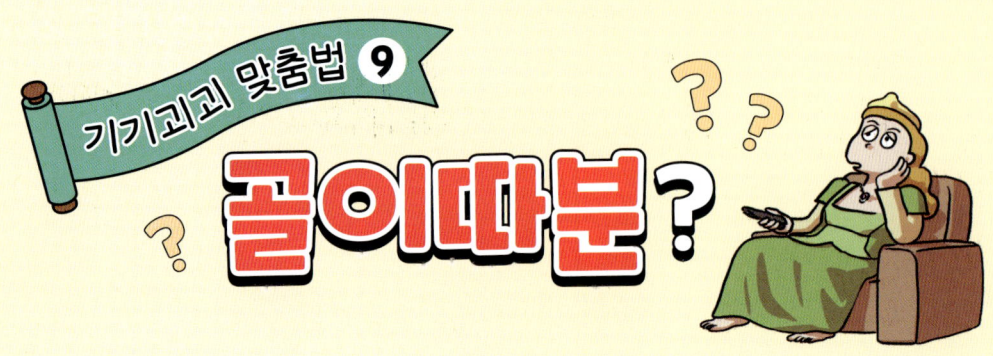

직접 따라 쓰며 올바른 표현을 익혀 보세요!

오래된 그 책은 고리타분해서 읽기가

어려웠어.

고리타분한 장난감 대신 새 인형을

사고 싶어.

너무 고리타분하게 굴지 말고 생각을

달리 해 봐.

알았다! 맞춤법 9

기본형을 잘못 알아 틀리는 맞춤법, 좀 더 알아볼까?

1 삼가하는 vs 삼가는

'몸가짐이나 언행을 조심하다'를 뜻하는 말은 '삼가다'야. 그래서 '삼가는·삼가야·삼가고' 등으로 활용할 수 있지. '삼가다'의 기본형을 '삼가하다'로 알고 '삼가하는·삼가해야·삼가하고' 등으로 잘못 활용하지 않도록 주의해!

예 : 비속어 사용은 삼가는 게 좋아.

2 안절부절하는 vs 안절부절못하는

'마음이 초조하고 불안하여 어찌할 바를 모르는 모양'을 나타내는 꾸밈말은 '안절부절'이야. 하지만 그 마음을 행동으로 나타내려면 '안절부절못하다'라고 해야 해. 이를 활용하면 '안절부절못하는'이 되겠지?

예 : 네가 안절부절못하는 모습을 보니 나도 불안해.

3 시덥잖은 vs 시답잖은

'볼품이 없어 만족스럽지 못하다'를 뜻하는 말은 '시답잖다'야. 이 단어는 '시답지 않다'가 줄어든 말이야. 그래서 '시답잖은·시답잖아·시답잖게' 등으로 활용할 수 있지. '시답잖다'의 기본형을 '시덥잖다'로 알고 '시덥잖은·시덥잖아·시덥잖게' 등으로 잘못 활용하지 않도록 주의하자!

예 : 시답잖은 이야기는 그만하고 어서 숙제나 해.

4 얽히고섥혔어 vs 얽히고설켰어

'무언가가 이리저리 얽혀서 복잡하게 되다'를 뜻하는 말은 '얽히고설키다'야. '얽히고'는 '얽다'에서 뻗어져 나온 말이라 원래 모양을 밝혀 적지만, '섥히다'라는 말은 존재하지 않기 때문에 소리 나는 대로 '설키다'라고 적는 거야. 받침이 얽히고설켜 조금 복잡하지만 이번 기회에 잘 알아 두자!

예 : 친구와 싸운 뒤로 내 감정은 얽히고설켰어.

5 단촐하다 vs 단출하다

'일이나 차림이 간단하고 편리하다'를 뜻하는 말은 '단출하다'야. 그래서 '단출하게·단출한·단출하니' 등으로 활용할 수 있지. '단출하다'의 기본형을 '단촐하다'로 알고 '단촐하게·단촐한·단촐하니' 등으로 잘못 활용하지 않도록 주의하자!

예 : 배낭 하나 메고 단출하게 여행을 가고 싶어.

맞혀 봐! 맞춤법 9

앞서 배운 맞춤법, 문제로 풀어 볼까?

1 빈칸에 들어가면 뜻이 모두 통하는 글자는 무엇이겠느냐. (   )

> **의사** : □□로 일어날 수 있을 때까지 안정을 취하세요.
> **간호사** : 이번 기회에 몸과 마음을 추□르는 시간을 가지세요.
> **아라따** : 나의 요가 □승이 몸져누우시다니.
> **요기** : 이게 다 아라따 때문이야! 아이고, □트레□ 받아!

2 문장을 읽고 바르면 O, 틀리면 X에 표시해 보거라.

(1) 잊히지 않는 친구가 한 명 있어.
(2) 주말이 벌써 끝났다니 믿겨지지 않아.
(3) 바람에 문이 저절로 달혔어.

3 다음은 물에 젖어 부피가 커지거나 살이 쪘을 때 쓰는 말인 '붇다'를 활용한 말이니라. 노란색 칸에 알맞은 받침을 써넣어 보거라.

4 바른 단어에 동그라미를 쳐 보거라.

> 허리를 다치니 단추 (잠그는/잠구는) 것도 어렵구나. 요가를 무리해서 한 대가를 (치뤄야지/치러야지). 하지만 몸이 아프다고 요가를 그만두면 안 (돼/되). 안 (되는/돼는) 것 같다가도 어느 날 갑자기 실력이 느는 게 요가니까!

정답 1 ㅈ 2 (1) O (2) X (3) O 3 ㄹ / ㄹ / ㄹ / ㅅ 4 잠그는 / 치러야지 / 돼 / 되는

10장 회자정리 거자필반
안 쓰느니만 못한 틀린 사자성어 5

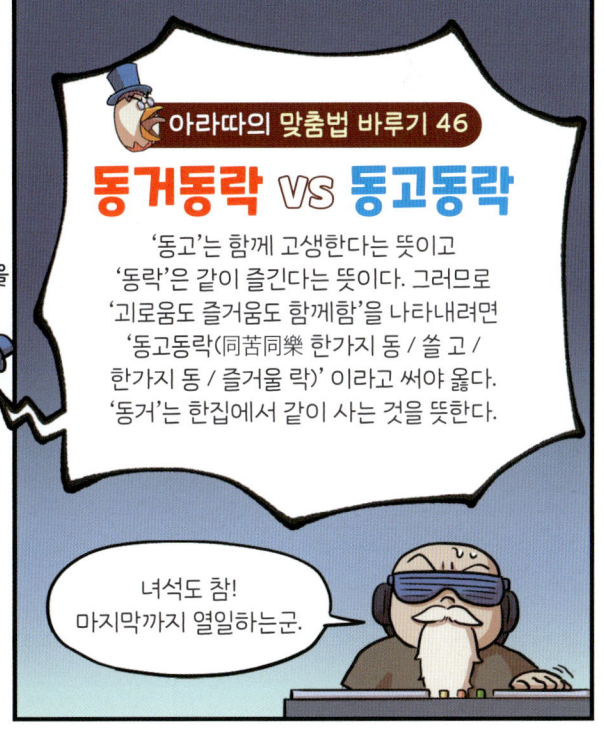

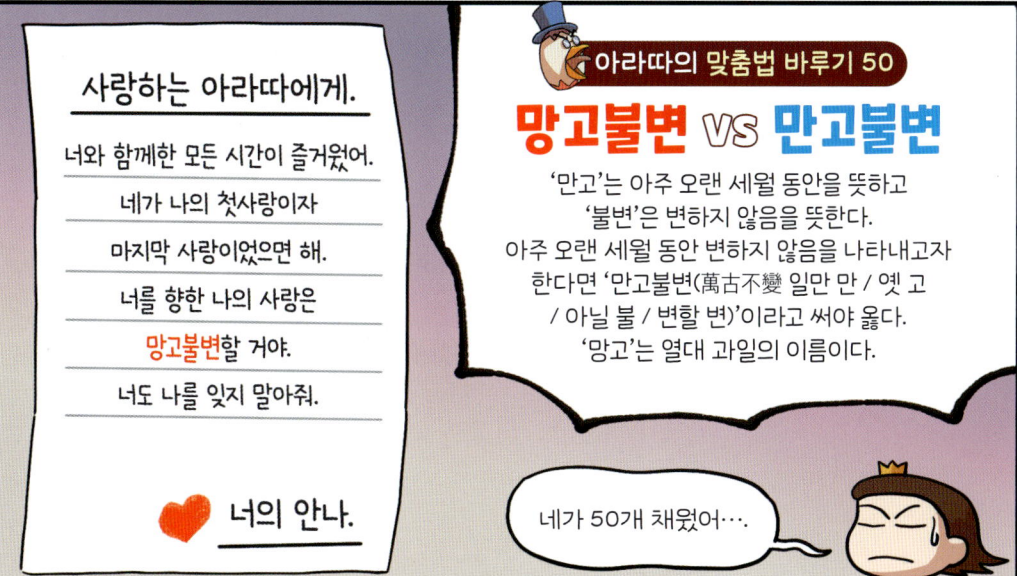

직접 따라 쓰며 올바른 표현을 익혀 보세요!

유종의 미를 거두려면 마지막까지

최선을 다해야 해.

캠핑이 끝난 후 쓰레기를 치우며 유종의

미를 장식했어.

달리기를 하다가 넘어졌지만 끝까지

완주해 유종의 미를 거뒀어.

알았다! 맞춤법 10
안 쓰느니만 못한 틀린 사자성어, 좀 더 알아 볼까?

1 화룡정점 vs 화룡점정

'화룡점정'은 가장 중요한 부분을 완성함을 이르는 말이야. 용을 그린 뒤 마지막으로 눈동자를 찍었더니 실제로 용이 되어 날아올라갔다는 고사에서 유래했어. 한자로는 '그림 화畫 / 용 룡龍 / 점 점點 / 눈동자 정睛'이라고 쓴단다. '정점'은 맨 꼭대기가 되는 곳을 뜻하는 말이니 어울리지 않아.

예 : 떡국 위에 화룡점정으로 김 가루를 올렸어.

2 일사철리 vs 일사천리

'일사천리'는 한 번에 쏟아진 강물이 천 리를 간다는 뜻으로, 어떤 일이 거침없이 빨리 진행됨을 뜻하는 말이야. 한자로는 '한 일一 / 쏟을 사瀉 / 일천 천千 / 마을 리里'라고 쓰지. '철리'는 아주 깊고 오묘한 이치를 뜻하는 말이라서 이 사자성어와는 상관이 없어.

예 : 형의 도움을 받아 숙제를 일사천리로 끝냈어.

3 절취부심 vs 절치부심

'절치부심'은 몹시 분해 이를 갈며 속을 썩인다는 뜻으로, 너무 화가 나서 마음이 쓰릴 때 쓰는 말이야. 한자로는 '끊을 절切 / 이 치齒 / 썩을 부腐 / 마음 심心'이라고 쓰지. '절취'는 잘라 낸다는 뜻이니 어울리지 않겠지?

예 : 동생이 내 장난감을 망가트려서 절치부심했어.

4 환골탈퇴 vs 환골탈태

'환골탈태'는 뼈대를 바꾸고 태를 바꾸어 쓴다는 뜻으로, 사람이 좋은 방향으로 변해 딴사람처럼 되었을 때 쓰는 말이야. 한자로는 '바꿀 환換 / 뼈 골骨 / 빼앗을 탈奪 / 아이 밸 태胎'라고 쓴단다. '탈퇴'는 소속해 있던 모임이나 단체에서 관계를 끊고 나온다는 뜻이니 이 사자성어와는 상관이 없어.

예 : 이번 방학에는 살을 빼서 환골탈태할 거야.

5 토사광란 vs 토사곽란

'토사곽란'은 위로는 토하고 아래로는 설사하면서 배가 질리고 아픈 병을 뜻하는 말이야. 한자로는 '토할 토吐 / 쏟을 사瀉 / 곽란 곽癨 / 어지러울 란亂'이라고 쓰지. '광란'은 미친 듯이 어지럽게 날뛴다는 뜻이니까 어울리지 않겠지?

예 : 매운 음식을 먹고 토사곽란에 시달렸어.

맞혀 봐! 맞춤법 10

가로 열쇠와 세로 열쇠를 참고하여 낱말 퍼즐을 풀어 보거라.

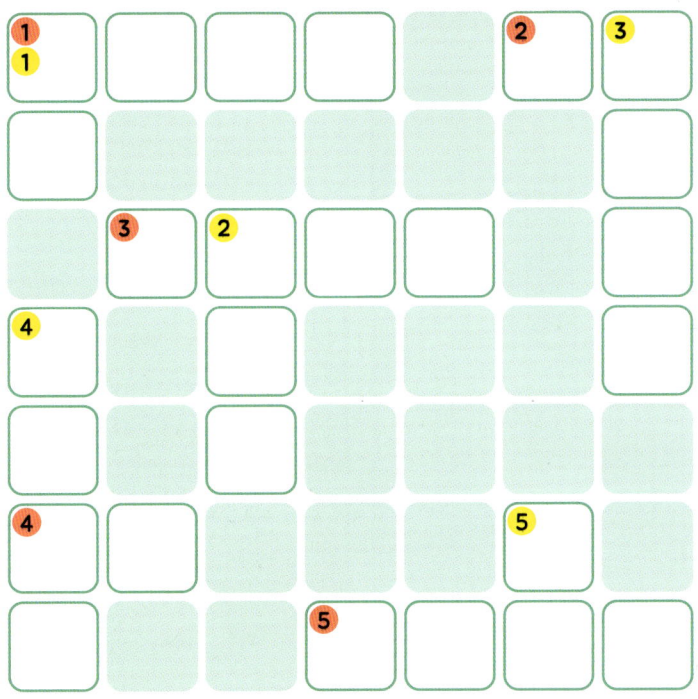

가로 열쇠

*정답은 156쪽에

1. 괴로움도 즐거움도 함께함. 동☐동☐.
2. 수많은 별과 행성이 떠 있는 캄캄하고 끝없는 공간.
3. 얼마쯤 믿으면서도 한편으로는 의심함. 반☐반☐.
4. 생일을 높여 이르는 말.
5. 아주 오랜 세월 동안 변하지 아니함. 비슷한 말은 '만세불변'.

세로 열쇠

1. 한집이나 한방에서 같이 삶. '한가지 동同' 자로 시작함.
2. 신발을 넣어두는 장.
3. 밤낮으로 쉬지 아니하고 연달아.
4. 전혀 그런 마음이 없었음을 이르는 말. '어찌 언焉' 자로 시작함.
5. 초에 켠 불.

다음 권에 계속됩니다!

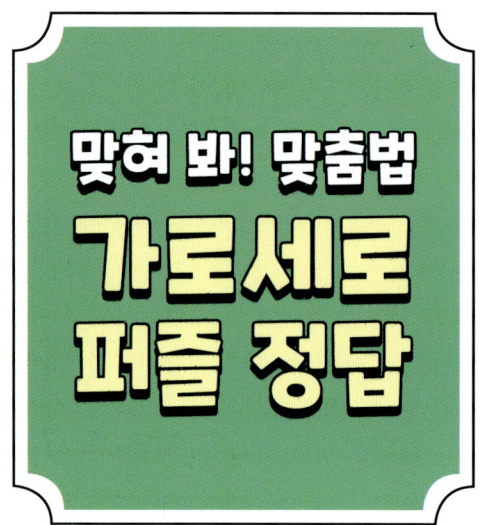

vs 예요   월래 vs 원래   저가 vs 제가   죠 vs
굳이   할께 vs 할게   땡기다 vs 당기다   눈꼽
벅쩍 vs 시끌벅적   쑥맥 vs 숙맥   마주다 vs 맞
천장   강남콩 vs 강낭콩   무우 vs 무   설겆이 vs
  사겼다 vs 사귀었다   웬지 vs 왠지   어따 대고
s 얼마큼   금요일 vs 금일   육월 vs 유월   몇일
재작년   4일 vs 사흘   햇님 vs 해님   존대말
상말 vs 예사말   뒷꿈치 vs 뒤꿈치   회수 vs 회
자욱 vs 발자국   하이얀 vs 하얀   거칠은 vs 거
 vs 바람   니가 vs 네가   차돌배기 vs 차돌박
앙이 vs 멋쟁이   사냥군 vs 사냥꾼   통채 vs 통
 vs 추스르다   잊혀지다 vs 잊히다   잠구다 vs
다 vs 되다   불다 vs 붇다   동거동락 vs 동고동락
언감생신 vs 언감생심   반신바니 vs 반신반의
주구장창 vs 주야장천   망고불변 vs 만고불변

vs 예요   웰래 vs 원래   저가 vs 제가   죠
굳이   할께 vs 할게   땡기다 vs 당기다   눈꼽
벅쩍 vs 시끌벅적   쑥맥 vs 숙맥   마추다 vs 맞
천장   강남콩 vs 강낭콩   무우 vs 무   설겆이 v
사겼다 vs 사귀었다   웬지 vs 왠지   어따 대고
vs 얼마큼   금요일 vs 금일   육월 vs 유월   몇일
재작년   4일 vs 사흘   햇님 vs 해님   존대말
삿말 vs 예사말   뒷꿈치 vs 뒤꿈치   회수 vs
자욱 vs 발자국   하이얀 vs 하얀   거칠은 vs
ㅁ vs 바람   니가 vs 네가   차돌배기 vs 차돌
장이 vs 멋쟁이   사냥군 vs 사냥꾼   통채 vs 통
다 vs 추스르다   잊혀지다 vs 잊히다   잠구다 vs
ㅐ다 vs 되다   불다 vs 붇다   동거동각 vs 동고동
언감생신 vs 언감생심   반신바니 vs 반신반으
주구장창 vs 주야장천   망고불변 vs 만고불변